BEI GRIN MACHT SICH IHR WISSEN BEZAHLT

AF167308

- Wir veröffentlichen Ihre Hausarbeit,
  Bachelor- und Masterarbeit

- Ihr eigenes eBook und Buch -
  weltweit in allen wichtigen Shops

- Verdienen Sie an jedem Verkauf

Jetzt bei www.GRIN.com hochladen und kostenlos publizieren

Bibliografische Information der Deutschen Nationalbibliothek:

Die Deutsche Bibliothek verzeichnet diese Publikation in der Deutschen National-bibliografie; detaillierte bibliografische Daten sind im Internet über http://dnb.d-nb.de/ abrufbar.

Impressum:

Copyright © 2019 GRIN Verlag
Druck und Bindung: Books on Demand GmbH, Norderstedt Germany
ISBN: 9783346184092

Dieses Buch bei GRIN:

https://www.grin.com/document/704386

Johannes Hort

Fachkräftemangel entgegenwirken. Organisationsentwicklung und Personalentwicklung im Rettungsdienst

GRIN Verlag

GRIN - Your knowledge has value

Der GRIN Verlag publiziert seit 1998 wissenschaftliche Arbeiten von Studenten, Hochschullehrern und anderen Akademikern als eBook und gedrucktes Buch. Die Verlagswebsite www.grin.com ist die ideale Plattform zur Veröffentlichung von Hausarbeiten, Abschlussarbeiten, wissenschaftlichen Aufsätzen, Dissertationen und Fachbüchern.

Besuchen Sie uns im Internet:

http://www.grin.com/

http://www.facebook.com/grincom

http://www.twitter.com/grin_com

Hochschule Magdeburg-Stendal

Fachbereich Wirtschaft

EUMEDIAS Heilberufe AG

Einsendearbeit

Wie kann die Organisations- & Personalentwicklung im Rahmen der Schaffung einer neuen Stelle in der Praxis um-gesetzt werden?

Johannes Hort

Inhaltsverzeichnis

1. Einleitung

Der Fachkräftemangel, welcher seit mehreren Jahren in den Medien publik ist, stellt für alle Bereiche des Gesundheitssektors eine Herausforderung dar. Hieraus ergibt sich die unabdingbare Notwendigkeit einer flexiblen Personal- und Organisationsentwicklung der einzelnen Unternehmen und Organisationen im Gesundheitssektor.

Nachfolgend soll hierzu die Organisations- & Personalentwicklung im Rahmen der Schaffung einer neuen Stelle im Rettungsdienst betrachtet werden, um dieser Problematik entgegen zu wirken.

2. Organisationsentwicklung im Rettungsdienst

„Der Begriff "Organisationsentwicklung" (OE) ist vom englischen "organizational development" (OD) abgeleitet: Organisationen passen sich an sich verändernde Umweltbedingungen an." (Blaschke)

Auch der Rettungsdienst ist vom Fachkräftemangel betroffen, dementsprechend müssen sich die hier etablierten Organisationen intern weiterentwickeln und sich dem Fehlen von Fachkräften stellen. Sichtbar wird dies im Besonderen, wenn neue Stellen im Unternehmen geschaffen werden und besetzt werden müssen.

Nachfolgend wird betrachtet, wie dieser Prozess in dem Unternehmen des Malteser Hilfsdienstes Magdeburg im Bereich des Rettungsdienstes abläuft.

2.1 Organisationsmodell nach Mintzberg

Das Organisationsmodell nach Mintzberg beschreibt die fünf Grundelemente einer Organisation. Nach Mintzberg sind dies:

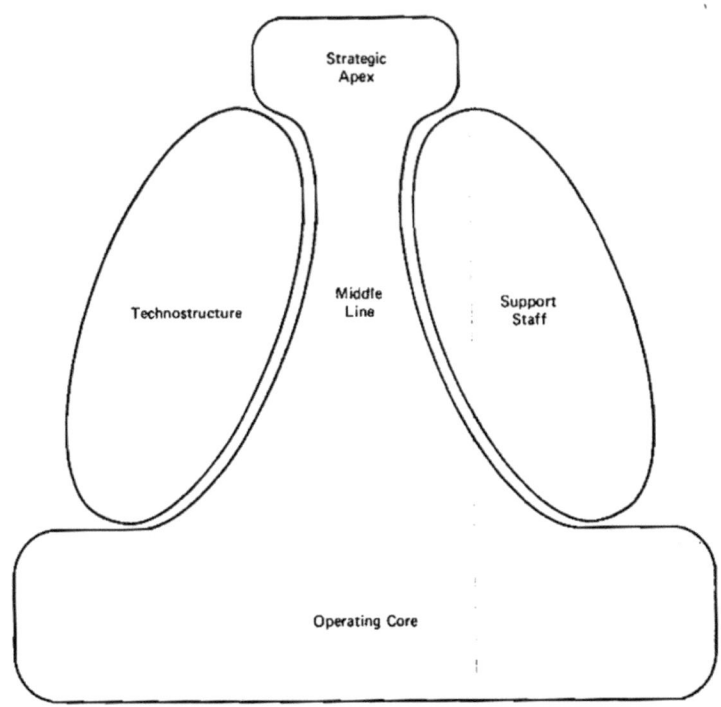

Abbildung 1: Organisationsmodell nach Mintzberg (Mintzberg 1979)

Die strategische Spitze definiert hierbei die Ziele und Aufgaben des Unternehmens. Beispielhaft dafür ist die Geschäftsführung bzw. obere Leitung des Unternehmens zu nennen.

Darunter angeordnet folgt die Mittellinie, welche Vermittler zwischen der strategischen Spitze, sowie dem operativen Kern darstellt.

Letzterer stellt die Mitarbeiter dar, welche für die Bereitstellung der Dienstleistungen beauftragt werden. Im gewählten Bespiel sind dies beispielsweise alle Mitarbeiter des Rettungsdienstes; Rettungssanitäter, Rettungsassistenten und Notfallsanitäter.

Daneben steht die sogenannte Technostruktur. Diese dient der Unterstützung der Organisation und ist für die Planung und Standardisierung der Arbeit des operativen Kerns verantwortlich. Beispielhaft ist hier im Unternehmen der QMB angesiedelt.

An letzter Stelle steht der Hilfsstab. Dieser ist nicht unmittelbar mit der Leistungserbringung verbunden und umfasst Funktionen wie Lohnabrechnung oder beispielsweise Öffentlichkeitsarbeit.

Weiterhin beschreibt Mintzberg die Struktur von Organisationen in sechs Formen. (Mintzberg 1979, S. 238–283)

- die Einfachstruktur
- die Maschinenbürokratie
- die Profiorganisation
- die Spartenstruktur
- die Adhokratie
- die Missionsform

Das gewählte Beispiel entspricht am ehesten der Profiorganisation, da hier im operativen Kern spezialisierte Mitarbeiter beschäftigt sind, welche ein hohes Maß an Eigenverantwortung in der Ausführung ihrer Tätigkeit haben.

An dieser Stelle wird zusammenfassend die Stelle der Hilfslinie gesucht, um eine Vermittlung zwischen der Führungsebene und den Mitarbeitern zu gewährleisten. Da es im Rettungsdienstbereich Magdeburg sowohl Personal in der Abteilung des Rettungsdienstes als auch in der Abteilung des Interhospitaltransfers gibt, soll die zu besetzende Stelle hier als bereichsleitende Führungskraft für beide Abteilungen, jedoch unter dem Leiter Rettungsdienst eingeführt werden.

Hierfür muss zunächst der Organisationsentwicklungsprozess betrachtet werden.

2.2 Organisationsentwicklungsprozess

Um eine Organisation zu entwickeln, muss diese zunächst verschiedene Phasen durchlaufen. Hierbei wird das Phasen-Modell von Lewin herangezogen. (Lewin 2012, S. 223–270) Demnach gibt es drei Phasen:

- Auftauen
- Ändern
- Einfrieren

Die erste Phase des Auftauens umfasst das Erkennen von Veränderungsbedarf in der Organisation. Im gewählten Beispiel erfolgt dies im Rahmen der jährlichen Mitarbeiterbefragung. Hierbei wird deutlich, dass die Mitarbeiter zu wenig Kontakt zur oberen Leitung erfahren, da diese für insgesamt vier große Rettungsdienstbereiche (Magdeburg, Börde, Harz, Burgenlandkreis) zuständig ist. Es fehlt ein direkter Ansprechpartner, welcher die Interessen der oberen Leitung vertritt und die Interessen des operativen Kerns vermittelt.

An zweiter Stelle erfolgt gemäß Lewin die Veränderung. Hierbei wird also die fehlende Stelle hinsichtlich ihrer Anforderungen untersucht, ausgeschrieben und besetzt.

An letzter Stelle erfolgt das Wiedereinfrieren der Organisationsstruktur, sowie eine Kontrolle, ob die Organisationsentwicklung erfolgreich war. Am Beispiel würde dies wieder im Rahmen von Mitarbeitergesprächen und -befragungen geschehen.

Vergleichbar ist dieses Vorgehen auch mit dem PDCA-Zyklus nach Deming.

2.3 Unternehmenskultur nach Johnson

Nach Gerry Johnson bezeichnet die Unternehmenskultur ein „Netzwerk interner Strukturen und Prozesse, welche die Selbstwahrnehmung einer Organisation kontinuierlich sowohl erzeugen als auch verstärken". (Johnson 1988)

Nach seinem Modell existieren folgende sieben Themenbereiche in diesem Netzwerk:

- Geschichten und Mythen
- Symbole
- Machtstrukturen
- Organisatorische Strukturen
- Machtsystem
- Rituale
- Paradigma

Im gewählten Beispiel orientieren sich die Geschichte und Symbole an der Historie des Malteser Hilfsdienstes. Beispielhaft ist bei der Symbolik hier das sogenannte Malteser- bzw. Johanniterkreuz zu nennen, welches aufgrund der Historie des Malteser Hilfsdienstes, wie auch der Johanniter Unfallhilfe, als nationales Symbol Maltas (siehe Abb.2).

Abbildung 2: Malteserkreuz (Malteser Hilfsdienst)

Die Machtstrukturen orientieren sich an der organisatorischen Struktur, welche den Organigrammen im Anhang zu entnehmen sind. An oberster Stelle stehen hier der Bezirksgeschäftsführer, sowie der Leiter Rettungsdienst, welche die strategische Spitze des Unternehmens abbilden. Darunter stehen der Fachbereichsleiter, welche die Vermittlerrolle einnimmt, sowie die jeweiligen Abteilungsleiter der bereits genannten Personalbereiche. als letztes folgen die Funktionsträger (QMB, ASi, Hygiene), sowie die normalen Mitarbeiter.

Das Kontrollsystem obliegt zum einen den Mitarbeitern der Verwaltung (Personalabteilung, Lohnabrechnung), als auch den QMB der jeweiligen Ebene.

Als Rituale nach Johnson sind die regelmäßigen Dienstbesprechungen zu sehen, welche in der Regel quartalsweise durchgeführt werden. Weiterhin sind über das Jahr verschiedene Veranstaltungen angesiedelt, welche die Zusammenarbeit des operativen Kerns mit den darüber liegenden Strukturen verbessern soll. Beispielhaft sind hier die Weihnachtsfeier, sowie Grillfeste oder auch das jährlich stattfindende „Retterbowlen" zu nennen.

Als letztes ist das Paradigma des Malteser Hilfsdienstes zu nennen. Dieses spiegelt sich beispielsweise im Corporate Design (CD), wie auch im aktuellen Slogan „Malteser...weil Nähe zählt" wieder. Dies begünstigt die Wiedererkennung der „Marke Malteser".

Neben der Entwicklung der Organisationsstruktur muss auch die Entwicklung des eingesetzten Personals betrachtet werden.

3. Personalentwicklung im Rettungsdienst

So, wie sich die gesamte Organisation den sich ändernden Verhältnissen anpassen muss, ist auch die Personalstruktur an Veränderungen gebunden und Teil dieses Entwicklungsprozesses.

„Die Personalentwicklung hat das Ziel, die beruflichen Fähigkeiten der Mitarbeiter zu erhalten und zu verbessern, damit diese die gegenwärtigen und zukünftigen Aufgaben besser erfüllen können." (Wöhe 2013, S. 143)

Um die Personalentwicklung (PE) gekoppelt mit der Organisationsentwicklung voranzutreiben, bedarf es zunächst der Erstellung eines Anforderungsprofils für die neugeschaffene Stelle.

3.1 Anforderungsprofil

Um eine neu geschaffene Stelle adäquat zu besetzen ist es von Nöten ein Anforderungsprofil zu erstellen, um im nachfolgenden Personalauswahlprozess den bestmöglichen Kandidaten für die Besetzung der Stelle zu ermitteln.

„In einem Anforderungsprofil werden die **typisch-positionsspezifischen Anforderungsmerkmale** an eine Stelle definiert. Es enthält die für den Arbeitsplatz erforderlichen und erwarteten Kompetenzen einer Person, die eine bestimmte Stelle besetzen soll." (Kowalzik 2005, S. 31)

Im Weiteren sind das Positionsziel, die Kernaufgaben der Stelle, sowie die Anforderungen an die Person selbst zu definieren. (Kowalzik 2005, S. 32–33) Zusammengefasst bilden diese Anforderungsmerkmale die Funktionsbeschreibung der Stelle. Diese ist zum Vergleich dieser Arbeit als Anlage 3 angehängt.

Für die im Beispiel gewählte Stelle wurde folgende Zielsetzung ermittelt:

Die zu besetzende Stelle soll als Mittler zwischen den Mitarbeitern des Rettungsdienstes und der Ebene des Leiter Rettungsdienst fungieren und die Bedürfnisse der jeweiligen Parteien neutral betrachten und vertreten, um ein positives Betriebsklima zu gewährleisten. Weiterhin obliegt es dieser Stelle die Marktfähigkeit des Bereichs Rettungsdienst zu wahren, sowie die Abläufe des Rettungsdienstes im Allgemeinen zu organisieren.

Weiterhin wurden die Kernaufgaben wie folgt definiert:

Dem Bereichsleiter Rettungsdienst (BL RD) obliegt die Sicherstellung der Einhaltung gesetzlicher Grundlagen, wie ArbZG oder RettDG, sowie interner Vorgaben aus beispielsweise dem QMH oder dem Personalwesen. Die Vertretung der Interessen des Dienstgebers, sowie die Führung der Abteilungsleiter sind weitere Aufgaben. Der Bereichsleiter Rettungsdienst führt die jährlichen Mitarbeitergespräche, sowie ggf. anfallende Disziplinargespräche. Er soll den Leiter Rettungsdienst beraten, Marktbeobachtungen durchführen, sowie anfallende Verwaltungsaufgaben dieser Ebene, wie beispielsweise Beschwerdemanagement, erledigen. Hier wird deutlich, dass der BL RD als Mittler zwischen den Ebenen des operativen Kerns und der strategischen Spitze fungiert.

An letzter Stelle werden im Anforderungsprofil die persönlichen Anforderungen, sowie deren gewünschte Ausprägung definiert. Dies umfasst auch gewünschte Schlüsselkompetenzen.

Da es sich bei der Stelle des Bereichsleiters Rettungsdienst um eine neu geschaffene Struktur handelt, welcher Führungsaufgaben obliegen wird im allgemeinen Führungskompetenz gefordert. Der zukünftige Mitarbeiter soll zuverlässig, loyal und kommunikativ sein. Konfliktfähigkeit wird vorausgesetzt, wie auch Verhandlungskompetenz gegenüber allen interessierten Parteien. Weiterhin sollte ein hohes Maß an Fachwissen, im optimalen Fall durch ein abgeschlossenes Studium im Bereich des Gesundheitsmanagements, nachgewiesen werden können.

Nach dem Erstellen des Anforderungsprofils der neuen Stelle folgt die Mitarbeiterauswahl, sowie die personenbezogenen PEP-Gespräche.

3.2 PEP-Gespräch

Das Personalentwicklungsgespräch, „auch Fördergespräch" (Welk 2015, S. 119), wird oft im Sinne eines Mitarbeitergesprächs zwischen einer Führungskraft und dem Mitarbeiter geführt. Es dient der Stellungnahme beider Parteien zur Entwicklung des Mitarbeiters hinsichtlich seiner Karriereplanung. Ziel ist hierbei ein regelmäßiger Soll-Ist-Vergleich der Qualifikationen des Mitarbeiters in Bezug auf seine aktuelle Stelle bzw. eventueller neuer Verwendungsmöglichkeiten, das Ansteuern von Korrekturmaßnahmen bei bestehenden Defiziten, sowie das finden von Fördermöglichkeiten. (Welk 2015, S. 119–120)

Inhalt des PEP-Gesprächs sollte sowohl eine Potential-Analyse des Mitarbeiters (vgl. Brink 2009, S. 236–242), wie die Abfrage von Veränderungswünschen, als auch die Darstellung von Fördermöglichkeiten im Unternehmen sein.

Ziel ist es am Ende des Personalentwicklungsgesprächs Vereinbarungen zur Personalentwicklung zu treffen und anzustoßen. (Welk 2015, S. 120)

Um die gesamte Personalentwicklung abgesichert zu betrachten wird nachfolgend der Funktionszyklus nach Becker herangezogen.

3.3 Funktionszyklus

„Die methodische Absicherung der Personalentwicklung ist Voraussetzung zur Erreichung und Überprüfung von Effektivität und Effizienz, verschafft der Personalentwicklung Akzeptanz und sichert ihr die erforderlichen Ressourcen." (Meifert 2013, S. 366)

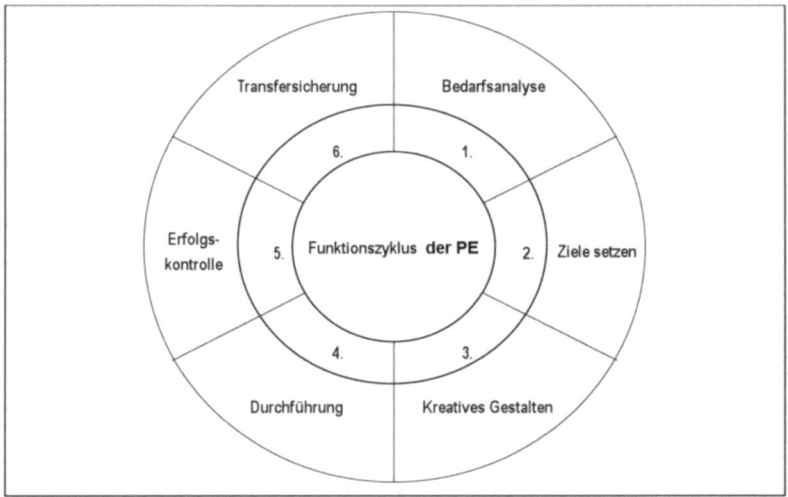

Abbildung 3: Phasen des Funktionszyklus nach Becker (Meifert 2013, S. 366)

Abbildung 3 zeigt den Funktionszyklus der Personalentwicklung nach Becker, welcher nachfolgend am gewählten Beispiel näher betrachtet wird. (Becker 2005, 31ff)

Nach Becker ist zu Beginn der Personalentwicklung eine Bedarfsanalyse durchzuführen. Dies wurde bereits unter Punkt 2.1 mittels dem Organisationsmodell nach Mintzberg behandelt.

An zweiter Stelle steht die Zielsetzung der Reichweitenplanung mittels SMART-Kriterien. Ziel ist es, wie unter Punkt 2.1 behandelt, die Stelle der Hilfslinie zu besetzen. Messbar wird dies erst in der Evaluation beispielsweise mittels Mitarbeiterbefragung nach Einführung der Stelle. Die Attraktivität und Realisierbarkeit werden im unter Punkt 3.1 behandelten Anforderungsprofil widergespiegelt. Die Terminierung der Einführung der neuen Stelle ist auf 1 Jahr festgeschrieben.

Unter Punkt drei des Funktionszyklus steht das kreative Gestalten. Hier wird Art und Umfang der Personalentwicklungsmaßnahme definiert. Dies erfolgt in der Regel bereits im PEP-Gespräch.

Nachfolgend die Durchführung bzw. die Realisierung der Personalentwicklungs-maßnahme.

An fünfter Stelle steht die Erfolgskontrolle, ähnlich dem „Check" im PDCA-Zyklus. Hier ist zu messen und zu bewerten, ob die Einführung der neugeschaffenen Stelle den gewünschten Effekt gebracht hat. Dies erfolgt durch Befragung der Mitarbeiter, sowie mittels Managementbewertung.

An letzter Stelle des Funktionszyklus nach Becker steht die Transfersicherung. Sie dient er Kontrolle, ob die Probleme, welche vor dem PEP bestanden, durch die neue Stelle erfolgreich behoben wurden. Dies geschieht in der Regel in enger Zusammenarbeit zwischen der Führungskraft und dem Mitarbeiter. Im gewählten Beispiel würde dies also durch den Leiter Rettungsdienst als Führungskraft, so-wie den Bereichsleiter Rettungsdienst als Mitarbeiter erfolgen.

4. Fazit

Zusammenfassend ist zu sagen, dass unter Beachtung des Organisationsent-wicklungsprozesses und Personalentwicklungsprozesses die Schaffung einer neuen Stelle in der Funktion der Hilfslinie nach Mintzberg eine Optimierung der Organisationsstrukturen darstellt.

Dies kann jedoch nur dann erfolgreich verlaufen, wenn in den Prozessen sowohl Führung als auch Mitarbeiter gleichermaßen einbezogen werden.

Abkürzungsverzeichnis

ArbZG	Arbeitszeitgesetz
ASi	Arbeitssicherheitsbeauftragter
BL RD	Bereichsleiter Rettungsdienst
CD	Corporate Design
OD	organizational development
OE	Organisationsentwicklung
PE	Personalentwicklung
PEP	Personalentwicklungsprogramm
QMB	Qualitätsmanagementbeauftragter
QMH	Qualitätsmanagement Handbuch
RettDG	Rettungsdienstgesetz

Abbildungsverzeichnis

Literaturverzeichnis

Becker, M. (2005): Personalentwicklung. Bildung, Förderung und Organisations-entwicklung in Theorie und Praxis. 4. Auflage. Stuttgart: Schäffer-Poeschel.

Blaschke, J.: Organisationsentwicklung als Prozess von Veränderungen. Hg. v. Haufe. Online verfügbar unter https://www.haufe.de/personal/haufe-personal-office-platin/organisationsentwicklung-als-prozess-von-veraenderungen_i-desk_PI42323_HI1507204.html, zuletzt geprüft am 19.04.2019.

Brink, A. et al. (2009): DIE BEWERBUNG. In: Alfred Brink (Hg.): BERUFS- UND KARRIERE-PLANER WIRTSCHAFT 2009 - 2010. Für Studenten und Hoch-schulabsolventen; Specials Health Care, Logistik und Transport, Handel, Banken und Versicherungen. 12. Auflage. Wiesbaden: Gabler Verlag / GWV Fachverlage GmbH Wiesbaden, S. 233–384.

Johnson, G. (1988): Rethinking incrementalism. In: *Strategic Management Journal* 9 (1), S. 75–91.

Kowalzik, U. (2005): Erfolgreiche Personalentwicklung. Was Pflegeeinrichtungen und -dienste dafür tun können. Hannover: Schlütersche (Schlütersche Pflege).

Lewin, K. (2012): Feldtheorie in den Sozialwissenschaften. Ausgewählte theore-tische Schriften. 2. Auflage. Bern: Huber.

Malteser Hilfsdienst. Malteser Kreuz. Online verfügbar unter https://www.malte-ser.de/ueber-uns.html, zuletzt geprüft am 27.04.2019.

Meifert, M. (2013): Strategische Personalentwicklung. Ein Programm in acht Etappen. 3. Auflage. Wiesbaden: Springer.

Mintzberg, H. (1979): The structuring of organizations. A synthesis of the re-search. Englewood Cliffs, N.J.: Prentice-Hall ((The theory of management policy series)).

Welk, I. (2015): Mitarbeitergespräche in der Pflege: Springer Berlin Heidelberg.

Wöhe, G. (2013): Einführung in die allgemeine Betriebswirtschaftslehre. 25. Auf-lage. München: Vahlen.

Anlagenverzeichnis